Este libro pertenece a

_____

Para Mia —MB

Para mis hijos: Klara, Nina, Kristina y Gabriel —RI

Acerca de este libro

Las ilustraciones de este libro se realizaron con pintura al óleo sobre tela. Este libro fue editado por Nikki Garcia y diseñado por Brenda E. Angelilli. Su producción fue supervisada por Patricia Alvarado, y la editora de producción fue Esther Reisberg. El texto se compuso en Mrs Eaves OT y para las cabezas se utilizó Myster Text.

Publicado originalmente en inglés en pasta dura por Little, Brown and Company con el título *Doña Fela's Dream: The Story of Puerto Rico's First Female Mayor* © 2024 por Monica Brown • Edición en español D.R. © 2024, del texto: Monica Brown • Traducción: Ana Izquierdo • D.R. © 2024, de las ilustraciones: Rosa Ibarra • Fotografía de la nota de la autora © Don Uhrbrock/Getty Images • D.R. © 2024, de la ilustración de la cubierta: Rosa Ibarra • Diseño de la portada: Brenda E. Angelilli • D.R. © 2024, de la portada: Hachette Book Group, Inc. • Hachette Book Group apoya el derecho a la libre expresión y el valor de los derechos de autor. El propósito de los derechos de autor es fomentar que los escritores y artistas produzcan obras creativas que enriquezcan nuestra cultura. • Escanear, subir a internet y distribuir este libro sin permiso es un robo de la propiedad intelectual del autor. Si quisiera obtener permiso para utilizar material del libro (para otros propósitos aparte de producir reseñas o críticas), por favor contacte a permissions@hbgusa.com. Gracias por ayudar a proteger los derechos del autor de este libro. • Little, Brown and Company Hachette Book Group •1290 Avenue of the Americas, New York, NY 10104 • Visítanos en LBYR.com • Primera edición en español: octubre 2024 Little, Brown and Company es una división de Hachette Book Group, Inc. • El nombre y el logotipo de Little, Brown son marcas registradas de Hachette Book Group, Inc. • La casa editorial no se hace responsable por sitios web (o su contenido) que no sean de su propiedad. • Los libros de Little, Brown and Company pueden comprarse al por mayor para usos comerciales, educativos o de promoción. Para más información, por favor contacte a su librería local o al Departamento de Mercados Especiales de Hachette Book Group en special.markets@hbgusa.com. • LCCN 2024935993 ISBN 978-0-316-58166-0 • IMPRESO EN DONGGUAN, CHINA • APS • 10 9 8 7 6 5 4 3 2 1

El sueño de doña Fela

Escrito por **Monica Brown**
Ilustrado por **Rosa Ibarra**

Little, Brown and Company
New York   Boston

La gente de La Perla estaba asustada. Soplaba un viento feroz y se arremolinaban nubes oscuras en el cielo. Una tormenta tropical se aproximaba a la isla de Puerto Rico. El barrio se componía de chozas pegadas a los barrancos fuera de las murallas del Viejo San Juan.

¿Y si sus casas caían al mar? ¿A dónde podrían ir? ¿A quién podrían acudir? Solo había un lugar con el que podían contar.

Las familias se reunieron en las calles y fueron caminando hasta la casa de doña Fela quien, peinada con trenzas y con una flor detrás de la oreja, respondió a su llamado.

—¡Entren todos! —dijo doña Fela—. Séquense, y les preparo algo de comer.

Más y más personas acudieron a doña Fela, y ella les abrió sus puertas a todos, hasta que se quedó sin espacio y sin comida. Aun así, los funcionarios locales se negaron a abrir un refugio.

—¡Entonces lo haré yo misma! —dijo doña Fela, forzando la entrada de una escuela del área.

Doña Fela salvó muchas vidas ese día, y los sanjuaneros le pidieron que fuera su alcaldesa.

—¡San Juan la necesita! —le dijeron. Pero San Juan nunca había sido gobernado por una mujer.

Felisa nació cuando las mujeres no tenían el derecho al voto, y la mayoría tampoco sabía leer ni escribir.

El padre de Felisa creía que la política no era para las mujeres y que los problemas de Puerto Rico los debían resolver los hombres. Pero, incluso desde niña, Felisa nunca estuvo de acuerdo.

Felisa veía injusticias por toda la isla: desde los prejuicios contra los puertorriqueños negros hasta el trato hacia los jíbaros, los campesinos que labraban la tierra y que apenas ganaban el dinero suficiente para alimentar a sus hijos e hijas.

Se preguntaba por qué algunas familias, como la suya, tenían tanto y otras tan poco.

Felisa creía que los trabajadores debían recibir parte de la cosecha.

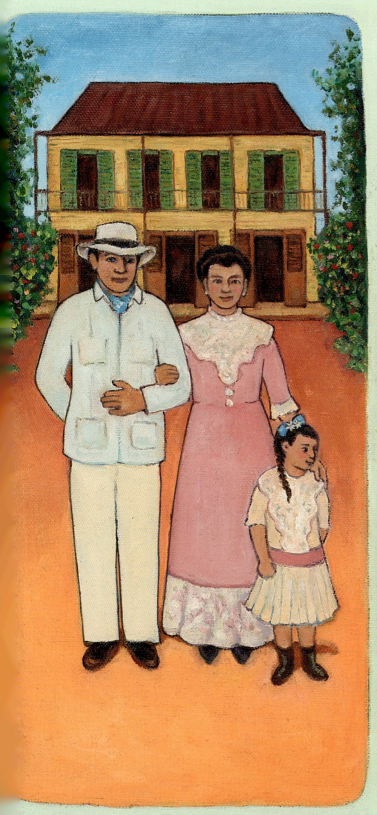
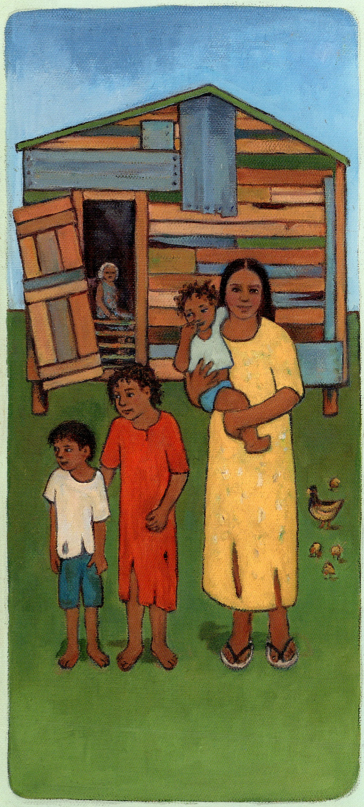

Y entonces llegó un momento muy doloroso para la familia Rincón. La mamá de Felisa, su primera maestra y la más importante, murió al dar a luz.

Felisa abandonó la escuela para ayudar a criar a sus hermanos menores, renunciando a sus sueños por su familia. Sus hermanos y hermanas sabían que tenían que portarse bien cuando les llegaba un olor a jazmín, porque eso significaba que su hermana mayor, que siempre llevaba flores en el pelo, estaba cerca.

Todos los días, Felisa se despertaba antes de que saliera el sol y preparaba café y pan para los trabajadores de su familia y también para los jíbaros que pasaban por la finca de los Rincón de camino a las enormes plantaciones de caña de azúcar.

Las mujeres puertorriqueñas que sabían leer y escribir obtuvieron el derecho al voto en 1929, y entonces un nuevo sueño retoñó en el corazón de Felisa, como una flor de maga bajo el sol. Felisa le dijo a su papá que se registraría para votar.

—¡No! —insistió su padre—. ¡Las mujeres no deben involucrarse en la política!

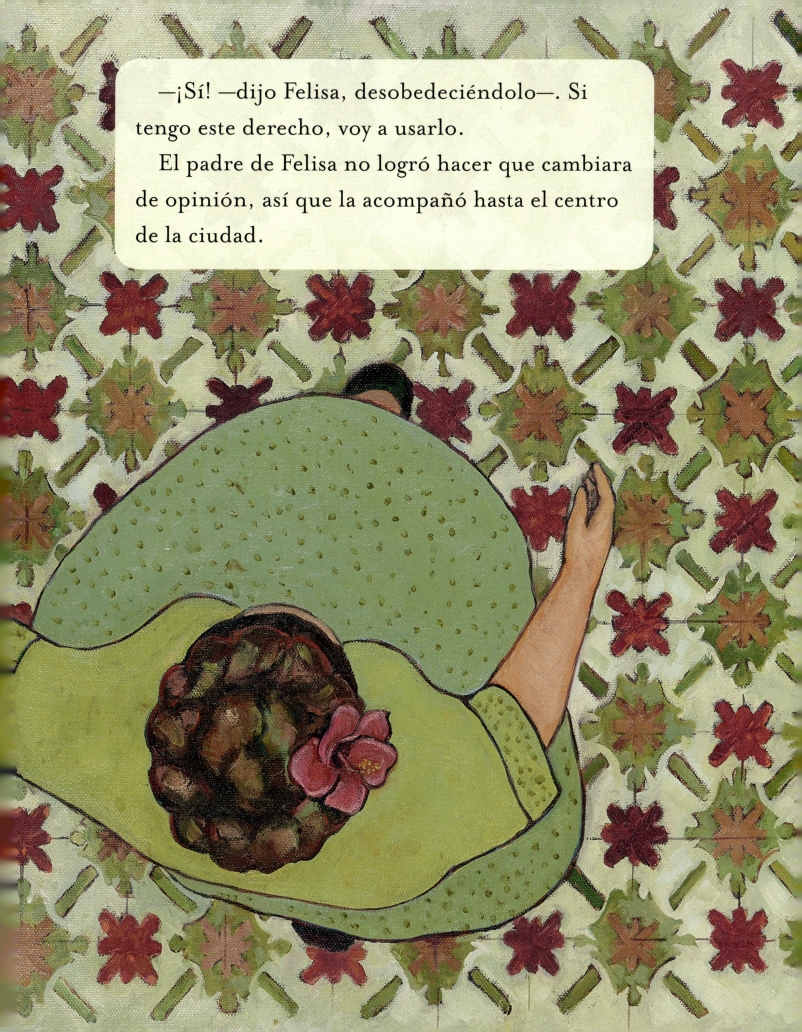

—¡Sí! —dijo Felisa, desobedeciéndolo—. Si tengo este derecho, voy a usarlo.

El padre de Felisa no logró hacer que cambiara de opinión, así que la acompañó hasta el centro de la ciudad.

Felisa fue la quinta mujer de la isla en registrarse para votar, y ese día se comprometió a usar su voz para impulsar el cambio. Sabía que la gente de Puerto Rico merecía algo mejor, así que se convirtió en organizadora política y pronto se volvió una líder reconocida.

Felisa se unió al Partido Liberal y reclutó votantes (especialmente mujeres) en los barrios más pobres de San Juan, entre ellos La Perla, donde no había agua corriente. Nadie había puesto tanta atención a sus necesidades como la mujer con flores en el pelo.

Llegaron a conocerla como doña Fela y, junto con otro político, facilitó la fundación de un nuevo partido político: el Partido Popular Democrático. Doña Fela ayudó a difundir el mensaje de "¡Pan, Tierra y Libertad!".

Doña Fela conoció a otro organizador, un abogado llamado Genaro Gautier, y se enamoraron. Se casaron y trabajaron juntos, pero, como el padre de Felisa, Genaro no creía que una mujer debiera ser alcaldesa.

Doña Fela obedeció en un principio… hasta que la tormenta tropical llevó a los aterrados sanjuaneros hasta su puerta. "¿Habrá llegado el momento?", se preguntaba.

Pasó toda la noche pensando en el cielo gris, el viento feroz, los niños y las niñas sin protección y la lluvia interminable. Juntos, sobrevivieron la noche.

Y cuando por fin salió el sol al día siguiente, doña Fela había tomado una decisión.

—Me convertiré en alcaldesa, porque quiero tener poder para ayudar a la gente —dijo.

Y eso fue exactamente lo que hizo. En su cargo, doña Fela floreció. Era un torbellino trabajando, llevando agua corriente a La Perla y a otros barrios pobres, comprando nuevos camiones de basura para limpiar la ciudad,

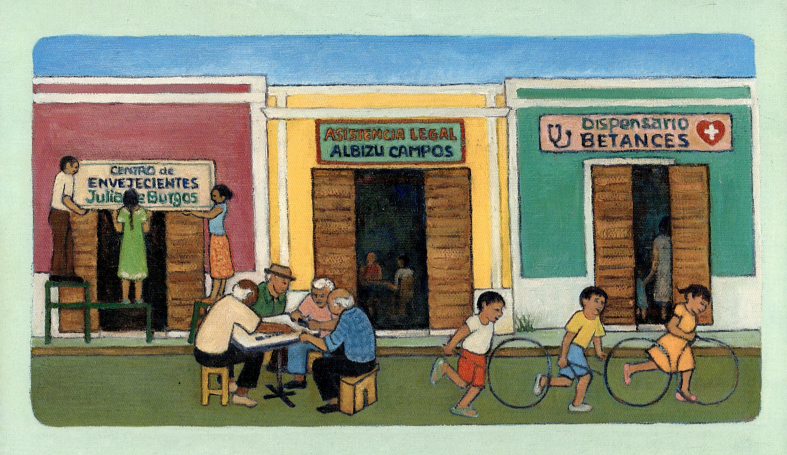

construyendo viviendas económicas

y salvando los edificios del Viejo San Juan de la ruina.

Doña Fela quería que todos los niños y las niñas de Puerto Rico aprendieran, así que estableció los primeros preescolares de la isla, llamados escuelas maternales. Contrató maestros de los barrios y ella misma los entrenó.

Doña Fela plantó semillas de cambio y vio florecer a las niñas y los niños de San Juan.

Muchas personas del gobierno creían que algunos problemas eran demasiado grandes para resolverse, ¡pero doña Fela no!

Todos los miércoles abría las puertas de la alcaldía a los residentes de San Juan, y el edificio se llegó a conocer como la Casa del Pueblo. Se enfrentó a los problemas uno por uno, grandes y pequeños.

Doña Fela ayudaba a los sanjuaneros con sus problemas y celebraba con ellos cuando estaban contentos. Cantaba y bailaba, y dirigía muchos festivales, acompañando a su gente a la orilla del mar en la Noche de San Juan.

El mar se llevaba toda la tristeza y dejaba solo esperanza tras de sí.

La alcaldesa quería que los niños y las niñas de su ciudad conocieran todas las maravillas de la naturaleza, ¡hasta la nieve!

Un avión lleno de nieve llegó a la ciudad de San Juan. Por primera vez, los niños y las niñas de los trópicos tuvieron batallas de bolas de nieve, construyeron muñecos de nieve y saltaron en enormes montones de nieve.

El aire vibraba con el sonido de sus risas y su alegría.

La fama de doña Fela se extendió por el mundo, y presidentes y políticos buscaron sus consejos y la honraron con premios.

Era conocida por su compasión, su imaginación, su estilo, su trabajo duro y su ingenio al resolver los problemas de la ciudad.

Doña Fela era reconocida en todas partes por los movimientos del abanico español que llevaba en la mano, las densas trenzas alrededor de su cabeza y, por supuesto, las flores en su pelo.

Doña Fela, la alcaldesa, creía que el amor, y no solo la política, lograba que mejoraran las cosas. El pueblo de San Juan la adoraba, y ella amaba al pueblo. Salió victoriosa en todas las elecciones en las que se postuló y fue alcaldesa durante décadas…

Y les enseñó a todos los niños y las niñas de Puerto Rico que bajo la luz del sol que llega pasada la lluvia, pueden crecer sueños florecientes.

NOTA DE LA AUTORA

Antes de la jueza de la Corte Suprema Sonia Sotomayor, la gobernadora de Puerto Rico Sila María Calderón Serra, la alcaldesa de San Juan Carmen Yulín Cruz y las representantes Nydia Velázquez y Alexandria Ocasio-Cortez, existió Felisa Rincón de Gautier. Llamada afectuosamente doña Fela por las personas a quienes representaba, fue la primera alcaldesa de San Juan, Puerto Rico, y la primera alcaldesa de cualquier ciudad capital de las Américas. Su mandato como alcaldesa estuvo marcado por su dedicación al bienestar de los niños y las niñas, y de los pobres.

Felisa nació el 9 de enero de 1897 en el pueblo de Ceiba, Puerto Rico, la isla conocida como Borinquen por los taínos indígenas que fueron sus primeros habitantes. Después de más de cuatrocientos años bajo el gobierno colonial español, Puerto Rico quedó bajo el control de los Estados Unidos. El padre de Felisa apoyaba la independencia de Puerto Rico y sus pasiones políticas dieron forma a la niñez de su hija, a pesar de las abundantes restricciones que tenían las mujeres y las niñas en esa época. Felisa fue una hija responsable y obediente… hasta cierto punto: contra los claros deseos de su padre, se registró para votar, se unió al Partido Liberal y como miembro de este se convirtió en organizadora política en los barrios más pobres de San Juan. Uno de sus dones políticos más importantes fue su habilidad para escuchar y lograr una conexión con las personas, motivada por la compasión y por su dedicación a la justicia social.

Cuando Luis Muñoz Marín dejó el Partido Liberal, unió fuerzas con Felisa y juntos fundaron el Partido Democrático Popular de Puerto Rico. Como Muñoz Marín, doña Fela quería conservar el idioma y la cultura de Puerto Rico sin dejar de aprovechar los grandes beneficios económicos derivados de su relación con Estados Unidos. Doña Fela fue designada alcaldesa en 1947 y ganó de forma decisiva las siguientes cuatro elecciones.

El amor de doña Fela por la moda y las flores como formas de autoexpresión era icónico, y la adorada alcaldesa utilizó su popularidad e influencia política en beneficio de los ciudadanos de San Juan. Llevó clínicas de salud, agua corriente, mejor saneamiento y oficinas de ayuda legal gratis a los barrios más empobrecidos de Pueto Rico, y sus escuelas maternales se convirtieron en el modelo de los programas Head Start en Estados Unidos.

Cientos de miles de personas dependían de doña Fela, y ella se tomó muy en serio esa responsabilidad. Sin embargo, nunca perdió su alegría e individualidad ni olvidó la importancia de celebrar con su comunidad.

Doña Fela se convirtió en una estrella internacional y en una de las figuras políticas más importantes de la isla.

NOTA DE LA AUTORA (CONTINUACIÓN)

Era una favorita de varios presidentes y políticos, y representó a Estados Unidos y Puerto Rico en todo el mundo. Incluso después de renunciar como alcaldesa, a los setenta años, se mantuvo profundamente activa en la política, fungiendo como Embajadora de Buena Voluntad en Sudamérica, Europa y Asia, y como miembro del Comité Nacional Demócrata, recibiendo muchos reconocimientos por su servicio. Murió el 16 de septiembre de 1994, a la edad de noventa y siete años. Solo dos años antes, a sus noventa y cinco, se convirtió en la delegada de mayor edad en presentarse en la Convención Nacional Demócrata.

Actualmente, si caminas por la puerta de color rojo intenso del Puerto de San Juan con el mar a tus espaldas, al levantar la mirada verás la casa rosa donde alguna vez vivió doña Fela, con un letrero que dice: *Casa Museo Felisa Rincón de Gautier*. Ahora es un museo que honra la vida de doña Fela.

Visita el museo para admirar las pinturas, fotografías y los muchos reconocimientos que adornan sus muros. Ve los vestidos, abanicos y muñecas. Imagina tu vida mientras aprendes sobre la de ella, y recuerda que doña Fela, la alcaldesa, nos enseñó a escuchar, a ser alegres y a luchar siempre por la justicia.

Doña Fela besa a un bebé durante una visita a un barrio pobre.

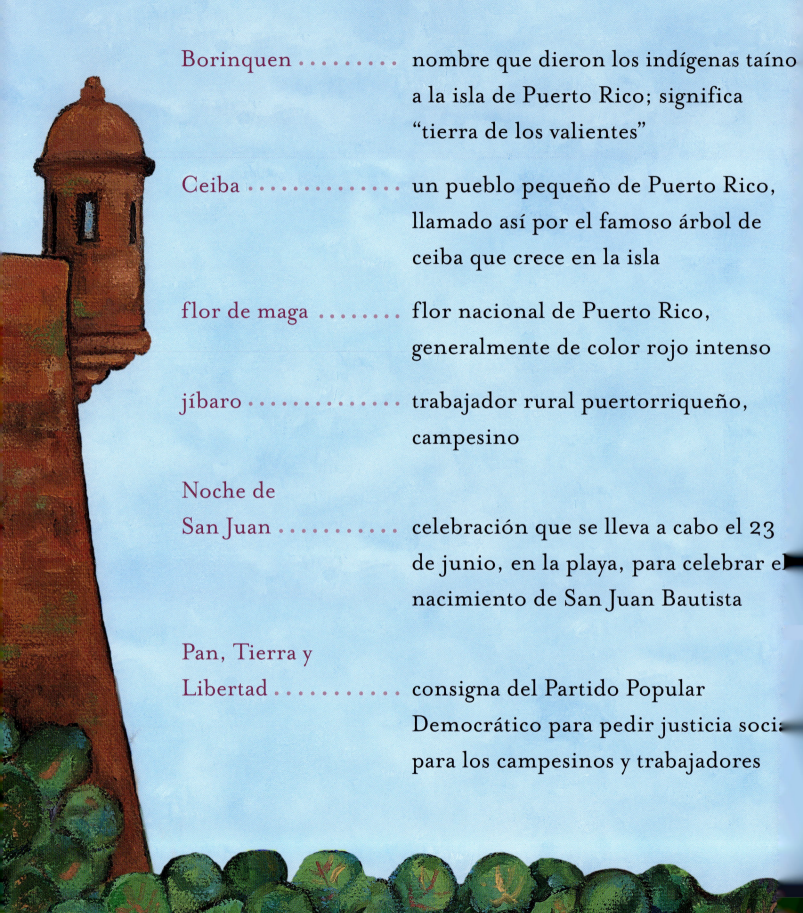

GLOSARIO

Borinquen .... nombre que dieron los indígenas taíno a la isla de Puerto Rico; significa "tierra de los valientes"

Ceiba .... un pueblo pequeño de Puerto Rico, llamado así por el famoso árbol de ceiba que crece en la isla

flor de maga .... flor nacional de Puerto Rico, generalmente de color rojo intenso

jíbaro .... trabajador rural puertorriqueño, campesino

Noche de
San Juan .... celebración que se lleva a cabo el 23 de junio, en la playa, para celebrar el nacimiento de San Juan Bautista

Pan, Tierra y
Libertad .... consigna del Partido Popular Democrático para pedir justicia social para los campesinos y trabajadores

NOTA DE LA ARTISTA

Mi niñez en Puerto Rico estuvo llena de alegría y aventuras. Nuestra familia vivía en el Viejo San Juan, en la Caleta de las Monjas. Tengo muchos recuerdos entrañables, como correr por las calles de la ciudad vieja con mis hermanos y amigos; jugar cerca de La Fortaleza, la casa del gobernador; y comer limbers, un helado puertorriqueño, y piraguas, una bebida congelada hecha de hielo raspado y jarabe de frutas.

Doña Fela vivió en la Caleta de San Juan, a una calle de mi familia, en una casa que actualmente es un museo en su honor llamado Casa Museo Felisa Rincón de Gautier. Todos conocíamos a doña Fela. Siempre estaba afuera y disponible para todos, y era una mujer cariñosa a quien la gente se sentía inmediatamente atraída.

Cuando yo era pequeña, ella ya estaba en sus años dorados. Aunque siempre iba bien vestida y era una figura regia, doña Fela nunca se sintió demasiado importante para su gente, fuera cual fuera su edad. Cuando queríamos columpios para el parque, nos otorgó a los niños y las niñas del barrio una audiencia en su oficina en la alcaldía. Y cuando jugábamos cerca de su casa en los días calurosos, nos ofrecía limonada.

La amabilidad y generosidad de doña Fela eran contagiosas. Mi padre y primer maestro de arte, Alfonso Arana, daba clases de arte gratuitas al aire libre a los niños y las niñas los sábados por la tarde. Todos sus estudiantes, sin importar de dónde vinieran —la Ciudad Vieja o el barrio pobre de La Perla—, dibujábamos y reíamos juntos. Derribar las barreras socioeconómicas era el núcleo de las creencias y la política de doña Fela.

Como la hermosa isla de Puerto Rico, mi arte está lleno de colores y calidez. Pintar me da alegría, y poder contribuir a la belleza que existe en el mundo es increíblemente enriquecedor. El tiempo que pasé investigando y realizando bocetos e ilustraciones para este libro me trajo muchos recuerdos de cuando era una niña asombrada ante una mujer tan imponente, fuerte y valiente.

Siempre había sentido afecto por doña Fela, pero entre más investigaba, más llegué a apreciar lo visionaria que fue para su época y lo mucho que hizo por la gente de Puerto Rico.

Monica Brown es autora de muchos libros infantiles multiculturales, entre ellos la serie de Lola Levine y los libros galardonados *Waiting for the Biblioburro/Esperando el biblioburro*, *Marisol McDonald Doesn't Match/Marisol McDonald no combina* y *Frida and Her Animalitos*. Sus obras están inspiradas en su herencia peruana y judía, y su deseo de entregar historias inspiradoras a los niños y las niñas. Monica vive en Flagstaff, Arizona, y es profesora de inglés en Northern Arizona University. Te invita a visitarla en línea en monicabrown.net.

Rosa Ibarra es una artista de bellas artes que trabaja al óleo, entrelazando gruesas capas de pintura para transmitir las vibraciones de la luz y construir texturas y diseños. Nació en Puerto Rico y pasó su niñez en el Viejo San Juan. Titulada en Bellas Artes por la Universidad de Massachusetts en Amherst, ha exhibido sus obras en galerías y museos en Estados Unidos y el extranjero.